*사진 : 임경희

바다 꽃으로 피다

시산맥 서정시선 037

초판 발행 | 2017년 10월 25일

지 은 이 | 신지영
펴 낸 이 | 문정영
펴 낸 곳 | 시산맥사
편집주간 | 김광기
편집위원 | 안차애 이성렬 전해수 정재분
등록번호 | 제300-2013-12호
등록일자 | 2009년 4월 15일
주　　소 | 110-350 서울특별시 종로구 율곡로 6길 36,
월드오피스텔 1102호
전　　화 | 02-764-8722, 010-8894-8722
전자우편 | poemmtss@hanmail.net
시산맥카페 | http://cafe.daum.net/poemmtss

ISBN 978-89-98133-97-9 03810

값 9,000원

* 이 책은 문화체육관광부와 전남문화관광재단의 지원을 받았습니다.

* 이 도서의 국립중앙도서관 출판시도서목록(CIP)은 서지정보유통지원시스템 홈페이지(http://seoji.nl.go.kr)와 국가자료공동목록시스템(http://www.nl.go.kr/kolisnet)에서 이용하실 수 있습니다.

바다 꽃으로 피다

신지영 시집

*본문 페이지에서 한 연이 첫 번째 행에서 시작될 때에는 〈 표기를 한다.

■ 시인의 말

나는 섬에서 태어났다
섬에서 자라고 섬에서 놀고 섬에서 배웠다
아직도 섬을 향해 가고 있다
섬은 나의 과거이자 현재이며 진행형이다

그런 내가 섬을 쓴다
한 줄 두 줄 바다에 밑줄을 긋는다
왜보다는 그냥 쓴다
누가 뭐라 해도 영락없는 섬사람,
섬 시인일 수밖에 없다

배 한 척 기다리듯 시 한 편 기다린다
시 한 편이면 족하다
그런데 이 말은 거짓이었을까
아직 시 한 편도 얻지 못한 것일까
나이가 들수록 욕심은 젊어지는 것일까

나를 지켜보고 계시는 하나님
나를 기억해주는 사람들께
부끄럽고 두렵지만 행복하다

사랑하는 나의 하나님께
그리고 시집 한 권 펼친 소중한 당신께
「섬, 초대장」으로 바친다.

–2017년 가을 신지영

■ 차 례

3부 / 홀로 우는 섬

4부 / 갈매기의 여행

1부

등대가는 길

성난 파도

바람이 등을 떠밀었다
하얗게 머리를 풀고
고개를 흔들며 북을 두들기다
휘모리장단에 맞춰
징은 꽹과리를 삼켰다

헤엄치는 것만으로는
처절한 절정의 높낮이를
감히 느낄 수 없다

회오리를 역방향으로 거슬러
맨발로 걸어 나와
머리를 찧으며
바닥까지 가라앉힌
눈물을 다시 꺼내들고
내 심장으로 쏟아져 왔다

어부의 하루

칼날을 세운 아가미를 열고
갯가로 나가
멀어진 배를 바라보고 있다

뭍으로 간 아들은
평생 물고기처럼 살아온
어미 아비 속을 알까

선착장에서
퍼덕이는 생선 한 마리가
바다를 컥컥 토하고
짜디짠 입맛을 다신다

답답한 가슴에 밀물로 들어온 바다
늘 처음 같다

등대 가는 길

하늘을 날아다니다
칼바람에 울었다

바람 만나는 거기서
흔들리다 스러지곤 했다

잔털 구름까지 죄다 걷히면
낯익은 불을 밝힐까

섬에서 살다
바람 타고 떠난 기억들

옛 길 위
도란도란 몸을 포갠다

섬

바람이 달려오면
떠나야 한다
깊고 푸르른 수면 속을
파도가 흔들어도
아픈 사연 하나 가라앉혀야 한다

바다 한가운데서도
목마른 나는
지친 날개를 다시 펴야 한다

파도 때문에
가슴이 내려앉고
바람 때문에
울고 가야 한다

개펄을 가라앉힌 바다

가슴을 때렸다

개펄을 가라앉힌 바다는
숙명처럼 출렁이고
하늘하늘 풀어
길게 땋아 내린
섬
섬
선홍빛 그리움을 펴고 있다

찬찬히 다가가면
무뎌진 코끝의 향기가
늦은 뙤약볕에
느릿느릿 너른 마당을 돌아
낯익은 춤사위를 펼친다

그림자

파도는
멍든 바위섬을 지나
가늘고 길게
하얀 핏자국을 남겼다

바다 속에서는
그리움도 자유로워지는 걸까
둘이 하나였다가
셋이 되어가는 꿈이
두둥실 떠다닌다

품에 안겨있어도
채워지지 않는 사랑을
풍경으로 남겨두고
훌쩍 떠나 버렸나 보다

섬사람, 주사 맞다

선착장에는
의료봉사단의 분주한 발바닥이 널려있다

헝클어진 아낙들의 촉촉한 넉살이
한꺼번에 다가왔다
야윈 팔에 날카로운 금속을 주저 없이 밀어 넣었다

하늘이 푸르면
바다도 코발트색으로 옷을 입는데
아직도 섬사람들은 진한 갈색이다

흔적도 없이 사라지고 말
둥근 알약을 단숨에 삼킨다

슬며시 수문을 열어
관을 타고 흐르는 생수를
처음처럼 벙벙하게 받아들였다

전라선 종착역에서

기차를 볼 때마다
손을 흔드는 사람이 있다
마음이 갈대처럼 흔들리는 것이다

선명한 빛깔의 새순을 밀어올리고
입안이 찢어지는 아픔으로
마른 울대를 타고 그리움을 삼키는 것일까

난생 처음으로 바다에 누워
선잠을 청하는 것도
애틋한 밤을 하얗게 태우는 일이다

파도와 장단을 맞추는 몸부림도
어차피
아픈 상처로 더 깊어가는 것이다

섬, 바람 불다

납작하게 엎드렸다
가물가물하도록 먼 곳으로부터
깊이 박힌 옹이가 헐거워지는 거기로
바닷물은 울음 섞여 야윈 노래를
세상으로 쉼 없이 보냈다

가슴에 묻어둬야 한다
곰삭은 기억이 아무렇게나 널브러진 바위에
귀를 대고 들어봐도 그 깊이와 넓이를
헤아릴 수는 없다

지금 막
나무가 흔들리고
나도 흔들리고
너도 흔들리고
그리고 저 깊은 소용돌이까지
짠바람을 돌리며 일어서고 있다

여자의 바다

바다로 가자
지느러미를 흔들어
질펀한 가슴까지 출렁이는 여자를
거기서 만나자

바다가 함께 살자고 하면
오두막집 외등 켜고
발톱으로 바위를 움켜쥔 채
사랑을 노래하며 살자

바다의 거친 숨소리가 멀어지면
고래고래 퍼덕이는
여자의 속마음을
세상에다 막 퍼내자

섬마을 폐교

발목이 잡혔다

아직 세상에 남아있는 일기장을 펴
뼛속까지 들여다보았다

빈 몸으로도 살아가는 것임을
스스로 깨달을 때에야
생각마저도 사물이 되는 것이리라

별이 되고 싶은 발자국들이
줄지어 하나둘 돌아선다

버리는 일이란
한번쯤 슬프게 하고
또 아득한 길을 가는 일이다

교실구석에서 만날 듯한
그대의
오랜 곁이 되고 꿈이 되는 일이다

배 떠나다

칠흑 같은 밤이다
낮의 그림자는 가려지고
숨소리도 까맣게 멎었다

혼자라는 것 때문에
빗발처럼 살아있다는 것 때문에
바다 한가운데로 배를 저어간다

후끈 달아올라
자꾸만 눈물처럼 녹아 흐르지만
건너편에 자리 잡은 섬 하나
두려운 약속으로 남겨둔다

한번으로도 슬픈데
닫혀있던 돌문이 또 벙긋이 열린다

지운다는 것은 끝내 생각나는 일이다
비울수록 더 애틋한 일이다

〈

그래서 그런 것일까
배 떠나고 나면
서러운 빛으로 걸어가는 하얀 눈물이
또 바다가 되고
그리고 섬이 되었다
돌다리로 하나둘 내려앉았다

섬, 달뜨다

한 사람이
언덕 밑을 내려다보고 있다
칼벼랑마다 그리움이 붙어있다

별빛도
첫사랑도
낯익은 그대도
아슬아슬하게 바위를 잡고 매달렸다

낮은 힘을 잃었다
서슬 퍼런 빛의 조각들이
날개를 펴고 퍼즐을 맞추고 있다

그대는 애틋함을 품었다
작은 마음 한 자락을 담고 있다면
언젠가는 사랑하고 말 것을
목 놓아 울고 말 것을

그대를 닮은 계곡에

물벼락꽃이 피었다
아마도 이 기막힌 어둠이 없었더라면
울다가 울다가
저 깊은 천년의 바다에
풍덩 빠졌을 것이다

그리움을 쌓다

변산반도를 돌아
바닷가에 몸을 풀었더니
쉬지 않고 겹겹이
사랑의 구들장이 쌓였다

바다가 그리워서
섬이 그리워서
섬을 떠난 사람들이
하나둘 내려두고
바다를 떠난 사람들이
하나둘 풀어두고 갔다

사람들이
자리를 편 그 곁에
나도 마른 터 하나 잡고
떠날 줄을 모른다

그리움도 깊어지면 병이 된다는데
아직도 나는 병세를 모르는 걸까

〈

너에게 있는 나로
나에게 있는 너로
잊히지 않는 무엇이 되어
그대 가슴을 끌어안고 누웠다

떠나는 배

섬을 안고 사는 사람들은
뭍으로 간다
섬을 바라보며 사는 사람들은
섬으로 와 바다를 채워간다

떠날 채비로 분주한 섬에는
세월의 밑바닥까지 지탱해 온
꿈들을 주섬주섬 담고
세상 돌아가는 소식을 묻는
제비 한 마리가 처마를 지킨다

아침을 기다리는
통통배 한 척이
길게 가로 누운 선착장 허리를 붙들고
간혹 잔기침을 토하고 있다

떠나는 배는
가버린 사람처럼
불러도 불러도 대답이 없다

〈

어차피 부여잡아도
뿌리치고 말 것이지만
파도는 귀에다 대고
속절없이 사랑을 고백하고 있다

봄 곁에서

계곡을 노래하는 새들에게도
숲이 된 채 잠이든 꽃잎에게도
몰랐던 아픔이 있다

발붙일 곳 없는 길을 가다가
한 폭 그림이 되거나
한 줄 노래가 되거나
흐르지 못해 멈춘 개울이 될 거다

머리 둘 곳이 없어도
한 뼘 옆으로 물러서서
키를 더 낮추고
길 터주는 법을 가르친다

지친 숨소리를 쓰다듬고
겨우살이로 살지만
묻혀야 새싹을 틔우듯
빌린 몸 벗어 던지는 것이다

〈

곁으로 다가가 보니
바닥을 요리조리 피해 다니다가
실개천 바람 따라
틈새를 비집고 살살 녹아 흐르고 있다

라일락꽃 친구야

뒤틀리고 상처 난 채로
가까스로 몸을 세우고
한 잎 세월을 보내는 너에게
두근대는 가슴 쓸어내리며
하루 또 하루가 다가왔다

새 옷 갈아입고 고개를 넘으며
한사코 너를 보러 오리라는 말만
무성하게 남기고
구름처럼 그렇게 왔다가 사람들은 떠났다

구구절절 아픈 사연
토막토막 행복한 사연
다 들어주느라 피곤도 하였겠다
억눌린 영혼이 다시 서고
속내를 끌어올려 꽃 한 송이 피웠지

이제는 지워야 할 흔적들
자랑처럼 쏟아 낼 기억까지

뒤란에서 고스란히 새기고 있었구나

거리를 나서면 처음인 사람도 많은데
용케도 잘 만났다
지울 수 없는 달력의 숫자들을 누르면
열병 같은 우정이 이슬을 뿜어내리라

그리움도 병이라면 병이다
서로를 다 물들이지 못한 아쉬움이 남았으니
더 깊이 병들어 찾으리라
연보랏빛 아름다운 라일락꽃 친구야

별 헤는 섬

보고 싶을 때는
차라리 눈을 감아야 한다

가슴에 알알이 채워지는
별빛에 귀를 한번 대봐야 한다

섬의 심장은 두근두근
생각을 풀어내느라 분주하다

눈빛을 타고 온 떨림이
부풀어 깜박거리고 있다

끝내,
은빛으로 쏟아 내릴 줄 알면서도
차오르는 소리가 그렇게도 좋았다

말없이 흐르는 눈물이
내 안에서 떠올라
별이 된 영혼으로
하나둘 빛을 발한다

2부

세월의 바다

폐선

부석부석 늙어가는 중이다
활개 치던 사지는 미동도 않고
버둥거리던 거친 숨소리만
헝클어진 갑판에서 출렁이는 중이다

세상으로 향한 문을 열면
허물뿐인 그물이 몸으로 값을 치루고
갈기갈기 흔들린다

언제쯤에나 비웃음을 딛고
쓸모 있는 무엇이 될까
대책 없이 새어 나온 핏방울이
뚝 뚝 떨어져
정오의 자갈을 적신다

늙어가는 것은 나 혼자가 아니라며
바닷가에 초상화 한 장 남겼다

늙어가는 것

옷자락에 단풍 들겠다
눈물이 별처럼 쏟아지는 날에
바닷가 늙은 팽나무 잎이
한 장 두 장 모여드는 걸 보니

노란 손바닥 한 장 날려가겠다
젊음의 모닥불이 한창일 때에
하늘 뒤에 살짝 몸을 숨긴 구름이
먹빛으로 변해가는 걸 보니

연륜만으로는 알 수 없는 넘침이다
나이를 외면하는 골목마다 되살아나는
풀어내지 못한 낭만이
투명하게 밀려오는 것을 보니

텅 빈 마음에 숭숭 구멍 나겠다
여전히 상처를 싸매고 생명을 노래하는
심장 한복판으로

〈

줄지어 숨어있던 응어리를
거르지 않고 뱉는 파도를 보니

날도 저물고 있는 모양이다
오늘도 가고
내일 또 지나며
훨훨 저 멀리로 날리는 걸 보니

복사꽃

너는 내게로 안겨오는
작은 새 한 마리다
눈에 담을 수도 없고
귀에 들리지 않아도 느껴지는 것이란

나에게 부려지는 바람이다
아스라한 어디에선가 살며시 다가와
놀라운 의미가 되었음을 경험하는 일이란

다가온 너의 울림이다
기다리다 기다리다 건너왔을 네게로부터
마른기침 소리를 듣는 것은

머금었다가 품어내는 섬이다
담아두지 못해서
좁은 곁 하나 내주지 못해서
접어둔 것들이 가슴에 사무쳤을까

결국,

부서지고 만다
하얗게
하얗게

새벽기도

멈출 수 있을까

눈을 비비고
어둑어둑한 여명의 길을 나서는
누님의 손바닥처럼

먹이고
키우고
입혀야만 하는
삶의 짐들이
날마다 가벼워지고 있다

아직 나에게
관심이 없을 때
더 깊은 것들을 깨달았다
참 좋은 시작인 것을

또 다른 섬이 되다

파도소리에 장단 맞춘 배 한 척
바람의 손을 잡고
바다를 걷는다

파랗게 커가는
새잎 얼굴로
고운 마음으로
하늘하늘 떠다니다가 바다에 눕는다

가슴을 열고 찾아와
웃음꽃 한 아름 피어나더니
섬 속에 사는 섬을
헤엄치며 찾아와
또 다른 섬이 되었다

조개껍데기

소명을 받았을 때 그는 죽었다

육신의 이름은 죽고 사명만 남아
무거운 짐 하나 짊어진 채
무릎걸음으로 허둥대고 있다

본래의 생각은 가라앉고
블랙홀로 빨려드는 조각배처럼
미처 껍질을 깨지 못했다

망막을 타고 기억을 추월한다
시공을 넘나드는 지루한 생은
처연히 고개를 숙이고
머리끝에서 발끝까지 잠김을 의식한다

스스로 통제할 수 없다고
인정할 때
비로소
눈은 감기거나 밝아진다

〈

울음이 웃음 되도록
사랑하고 섬기자
내 이름 석 자 적힌 조개껍데기는
피할 수 없는 그 무엇으로 남겨진
눈물어린 한줌의 인생이다

삶, 꽃으로 피다

오늘이 지나고 나면
또 다른 하루가 온다지만
또
내일을 소망하며 산다지만

다시 오늘로 살아갈 터인데
스쳐 가는 순간들이 수묵빛인 것은
되돌아올 수 없음이리라

만나서 반가운 꽃들
그래서 기다려지는 것이라지만
주어진 날들이
영원하지 않음을 알았으니 비울 일이다

추억 한 줄 그어가며
그때마다
소쿠리 한가득 웃음을 품고 갈 일이다

울다가 웃다가
때로 지치는 날이면
가슴 가득 꽃을 피울 일이다

나그네

섬에서 만났다
숨소리가 턱밑을 눌러도 쉬지 않았다
한 번
두 번
비탈길을 스며드는 바람이 발밑을 어지럽혀도
가던 길을 멈추지 않았다

새순으로 봄의 빗장을 열었다
푸르던 얼굴이 앞뒤로 상처를 입고
늙은 주름만큼이나 푸욱 패인
깊은 자리 하나 폈다

왔던 길로 되돌아가는 것은 반칙이다
밥 한 그릇으로 허기진 마음을 채우고
다시 떠나는 나그네
비 오면 눈물샘도 솟고
눈 오면 바람마저 차가울 텐데

이 섬
저 섬
가슴 무너진 골목을 징검징검 걷고 있다

세월의 바다

아직도 재잘대고 있을까
설레는 여행일수록
가는 길이 멀다고 하는데
지천에 널린 웃음은 꽃으로 피어나고
꽃도 물때를 지키며 피었다 지는데

아직도 기다리고 있을까
봄
여름
가을
겨울
꿈을 꾸는데
거센 물결은 흘러가는데

아직도 누워 잠들었을까
수만 번의 기도 소리가 들리는
거기는
여전히 2014년 4월 16일!
기다림의 시간으로 멈춰 서있을까

〈

녹슬고 고장 난 시계만 돌고 있을까
물결도 멈춰 섰다 흐르는데
세월은 어제도
세월은 지금도
세월은 내일도
가슴 아파 울면서 누워만 있을까

동틀 무렵에

밤새 그물질한 어부들이
퍼다 놓았다
말없이 하늘을 일구고도
아무것도 소유하지 않았다

너무 깊은 잠이 들어
꼬리조차도 흔들 수 없었다
그렇다고 무거운 침묵의 늪에 갇혀
허우적거릴 수는 없다

해를 밀어 올리는
깊고 붉은 심장 속으로부터
가까스로 싹을 틔운다

새벽 편지 한 통
부글부글 끓어오르는 중이다

아침

바람에 날리는 꽃대가
소리를 타고 흔들릴 때마다 찾아왔다

희미했던 이슬방울들이
초롱초롱하게 열렸다
꾹 꾹 눌러
차오르는 숨을 달랬다

너른 춤사위가 펼쳐진다
심장으로부터 잉태한
생명이 싱그럽다

무인도

그는 울먹이며 숨소리를 죽인 채
빈 의자에 엎드려
하나님을 향해 부르짖었다

평안으로 다가올 음성을 기다리며
눈을 감은 채
떨고 있었다

아픔까지 고스란히 녹아진 그곳에
사랑이 덧입혀지고
미움은 날마다 지우기를 반복했다

바람처럼 굴곡지다가
불처럼 나풀거리다가
이방의 언어로 쏟아졌다

허리에 걸터앉은 낮달이
슬그머니 빛을 낼 즈음에야
들숨과 날숨이 엉켜

가슴에 꿈 하나 똬리를 튼다

무거운 걱정 하나 지고 가는 일이
아랫도리를 넓히는 돌담처럼
하루에 하나씩
이유가 되고 흔적이 되었다

가을편지

종려나무 아래서 올려다보니
구름 한 송이 멀리 떠가고 있다
사랑은 눈물겹도록 포근하다

머지않아 생각의 갈피에 둔 나뭇잎에
얇은 쓸쓸함이 덮일 모양이다

스무 살 갈대처럼
때때로 먼 산을 바라보고
출렁이던 마음을
수 없이 쓰고 지우고 구겼다

사랑 때문에
아픈 날들은 낙엽처럼 모여드는가 보다
세월이 깊어질수록
주렁주렁 매달린 사연이 애틋해서
떨리는 손으로 한 잎 두 잎 펼치고 있다

잊히는 것은 두려운 일이다

그래서였을까
등 따뜻하고 배부를 때면
자꾸 흔들리는 가슴에 회초리를 댔다

보내야 한다
보내버려야 한다
발갛게 익어가는 이파리들이
가슴에 그리움으로 흩날리기 전에

봄, 피어나고 있다

담장을 두른 채
꽃망울을 틔우려 웅크린
개나리를 만났다

너무 가늘어서
제 몸 하나 가누지를 못하고
휘어진 몸뚱이와 팔다리까지
아무데서라도 터져 나올 기세다

가려졌던 존재의 가치가
지금 시작되고 있다
무거운 세상의 생각들을
한꺼번에 쏟아내면
금방 시들어 고개를 떨어뜨리고

하늘
저 너머까지
노랗게 기다림을 칠하고
긴 시간을 스멀스멀 잠재우고 말 것이지만

〈

봄

와글와글 피어나고 있다

순교의 꽃이 되다

율촌면 신풍리에 가면
원수를 사랑하라는 말씀을 듣고
말씀대로 순종한 사람이 산다
조롱과 멸시 천대
모진 고통과 아픔도 묵묵히 참고 기다리며
사랑을 나눈 사람이 산다
금이야 옥이야 쓰다듬고 키워낸
두 아들의 생명을 빼앗은
철천지원수를 아직도 보듬고 산다

사랑하는 것은 용서를 넘는 일이다
아픈 상처로 잉태하여 사랑으로
다시 피워내는 일이다
그래서였을까
분열하며 꽃잎을 펼치는 사랑은
분열하는 원자탄이 되어
폭발음도 없는 꽃봉오리가 되었다
저들을 용서하소서!

〈
미움의 경계를 무너뜨린 사랑으로
그 처절한 기도 소리와
먹먹한 찬송 소리가
순교성지 여수에서 피어나고 있다

그랬다
아직 못다 이룬 선교의 사명은
가슴에 터 잡아 성지가 되고
쓰다듬을 멈추지 못한 손은
사랑의 꽃대를 세우고 있다

또 다시
끝없는 사랑의 꽃을 피우기 위해

기다림

얼어붙어 하얀 꽃이 되었다

암술과 수술이
저토록 오래 꿈꾸던
달고 깊은 포옹으로

눈부시게
저 푸른 하늘을 기웃대다
또 비틀거리다
남겨진 그리움으로

붉은 심장을 흔들어 깨우고
쿨럭 쿨럭
가슴팍을 울리는
흠뻑 젖은 기침소리다

생명나무

말하지 않아도
당신은 나를 들었다
그런데 나는
생피를 토하며 한사코 말하려 했다

글이 없어도
당신은 나를 읽었다
그런데 나는
두근대는 가슴에다 평생 글을 썼다

침묵했다
그래서 사랑이다
오래 참고 기다리시는 당신은
변함없이 두 팔을 들고 있다

쉬지 않는 구원의 손길이 되어
세상을 사랑하고 있다

만남 1

해 질 무렵
돌아오는 길모퉁이에
작은 멍울이 둥지를 밀어 올렸다

물렁한 촉감이 손끝에 닿자마자
나무들은 일제히 팔을 들어 올렸다

오래 기억될 일이다
더듬더듬 찾아와
동백나무 숲에 안겼다가
뒤따라 한 포기 사랑을 심어 둔
연인들의 이야기가
낡은 책갈피처럼 펄럭였다

기다림이 익어 간다
줄줄이 몰려와
뜨거운 심장소리를 들은 뒤에야
시간 속으로 얼굴을 돌려
낯익은 추억마당을 서성거리게 될 것이다

만남 2

고개를 숙여
속살이 훤히 보이는 바다의 민낯을
뚫어져라 들여다본다

당신을 만났던
그때 그 순간부터
들려온 노래가 거기 출렁이고 있다

바다 저 밑으로부터
몸을 흔들며 춤을 추던
4분음표
16분음표가
차례를 기다리고 있다

3부

홀로 우는 섬

작은 새

헐렁한 날개를 단
아들이 훌쩍 집을 나선다

어깨에는
버겁기만 한 짐이 실리고
이른 아침의 냉기를 털고
제 자리를 찾아 둥지를 떠난다

바지주머니에
주먹 둘을 차례로 넣었지만
추위에 머뭇거리던 시린 마음은
아직 풀리지 않는다

대문을 돌아서는 순간
작은 새 한 마리
파르라니 떨고 있는 모습
눈에 담겨있었다

어머니의 뒤란

시골집 텃밭에는
뽀얀 젊음이 영글었다

어머니는 감나무 밑에 배추를
유자나무 아래 쪽파를 심으셨다

아침마다 쑤욱 쑥 돋아나는 포기에
목이 마를 때마다 물을 부어주신다

잎이 듬성듬성한 남새밭에서
살진 채소들이 몸을 불리면
어머니는 아들을 낳으신 듯 기뻐하신다

물 퍼다 주시던 둥근 바가지는
검버섯처럼 부스럼이 커가고
어머니의 사랑은 자꾸만 깊어간다

방에 앉아있어도
뒤란의 배추와 쪽파가 걱정인

어머니는
당나귀처럼 귀를 세우신다

올망졸망한 아이들과 함께 둘러앉은
점심상에
설익은 고추들이
차례를 기다리며 길게 누웠다

홀로 우는 섬

눈을 뜨니
도란도란 긴긴 밤을 보냈던
당신이 보이지 않는다

바람개비가 서둘러 돌아가면
바다는 회오리가 되어
사립문을 밀고 나가
진한 향기를 뿜는 꽃으로 핀다

숨어있던 여끝에 걸터앉았더니
잘 익은 섬들이
썰물에 하나둘 몸을 일으켜 세웠다

혼자가 아니라고 속삭이지만
그믐날 깊은 밤마다
섬은 늘 외롭다

연도

바다의 노랫소리가
곤히 잠든 어부를 깨운다
솔개 한 마리 곱게 접어서
하늘 높이 날렸을 어부는 어둠을 걷어내고
눈을 비빈 바닷가에서 춤추는 섬을 만난다

밀려온 비린내로 싱싱해진 비탈길을 내려가
시원한 국물 한 사발을 퍼마시면
좋은 날 좋은 사람이 생각난다

벼랑은 손을 들어
파도를 불러들이고
사람을 찾아다니다 허연 머리를 긁적이던
늙은 부부는
조금날 해 저문 줄도 모르고
느긋한 기다림의 시간을 채우고 있다

다시 가고 싶은 섬

거제도 와현 선착장에서
유람선을 타고 그 섬에 갔더니
사랑이 한 폭 그려져 있다

모진 칼바람에 깊어진 생채기는
살갗을 무섭게 파고들었고
기도하는 사랑의 손길은
섬 한구석에서부터 생기가 되었다

바다가 무서워 우는 아이도
밤이 두려워 머리를 숨긴 새도
그 섬에는 없다
바다 속에서 두둥실 달이 떠오르면
연인들의 속삭임이 오르내리는
천국의 계단을 훤히 비칠 것이다

명상의 집에는 기도가 자리를 잡고
물감처럼 번져오는 평화가
내 맘 안에 이미 와 있었다

〈

섬에서는
바람이 불면 눈을 감아야 한다
두 팔을 슬며시 뻗으면
바다의 꿈이 피어날 것만 같다

다시 육지로 되돌아오면서
섬에 두고 온 나를
자꾸만 돌아다보았다

그림자 하나 남겨 둔
그 섬
외도에 다시 가고 싶다

검은 모래

친구는
바다를 사랑하다가
까맣게 속이 탔다

거친 파도에 밀리면
뭍으로 가서
바다에 잠긴 노래를
목이 터지도록 부르다가
잘게 더 잘게 부서졌다

먼 길
한달음에 다가와
따뜻한 손을 포개며
아픈 마음 어루만지다가
말없는 동행이 되었다

추도

섬 지붕마다 내려앉은
안개를 따라갔더니
마른 파래처럼 꼭꼭 숨어버렸다

칼 벼랑 가장자리
나뭇가지에 얽혀 떨고 있는
바람을 따라갔더니
돌담을 비틀자마자 길이 끊겼다

겹겹이 어깨를 기댄 돌멩이들과
좁은 가슴의 빈자리를 채운 바람이
외로운 섬이 되었다

흐느끼는 마음이 차곡차곡 놓여
허둥지둥 따라가 세어봤더니
묵은지처럼 오랜 세월이 진하다

하화도

하화도에서는
마음이 파란 바닷가를
하얀 구름을 눌러 쓰고
꽃처럼 하늘하늘 걸어야 한다

어지러운 돌담길도
흔들흔들
때로는 느릿느릿
지게목발 두들기며
꽃잎 하나 입에 물고
사뿐사뿐 걸어야 한다

하화도 꽃섬길에는
풀잎사랑이 꽃대를 올리고
섬 처자들 부푼 꿈이
비탈길마다 조심조심 손을 잡는다

나이아가라 폭포

큰 소리로 나를 불러 세웠다
녹아내리지 못한 차가운 얼굴로

시퍼런 심장 속으로
버둥거리며 빨려드는 안타까운 시선들을
바라보기만 하는 것은 사치다
가슴 아픈 사치다

폭음 속으로
여지없이 추락하는 너에게
못 이기는 척 나를 맡겼다

다행이다
록키의 수액을 가득 채웠더라면
벼랑 끝에서 한 몸이 되어
천 길 낭떠러지로
하얗게 흘러내리고 말았을 것이다

등나무

쿨럭 쿨럭
허파를 붙들고 있는 가래를
끝내 떼어내지 못하셨다
야위고 초라한 모습이 보일까 봐
차라리 넓은 등을 보이셨다
뿌리 하나로 만 가지를 펼쳐 그늘이 되셨다

귀향

기다리는 저녁은 빈 항구다
사랑하기 때문에 가슴이 뛴다며 비워두었다
세월을 따라 달려온 꿈이
구슬 같은 사연을 목에 걸고 쏟아졌다

사랑은 감싸줄 수 있어서 빛난다
달덩이 같으면 넉넉해서
가냘프면 애틋해서 정이 깊었다

밤마다 당신의 자리에
그리움을 새기면서
달려가다가 쉼표를 찍어 기다림을 시작한다

다시 찾아오는 것
하고 싶은 말도 함께 담아오는 것
달콤한 눈빛으로
아름다운 흔적으로 돌아오는 것이다

서원

지난날을 생각하면
고개를 들어도 뵐 낯이 없다

나를 위해 미리 준비하신 사랑으로
어릴 적 자갈밭에 뿌려지던
그 은혜가
베드로의 고백으로 젖는다

나의 당신
나의 소망
그분의 부르심을 따라나선다
내가 여기 있사오니 나를 써 주소서

사랑해요 늘 울어도
갚지 못해 마음만 아프다
살 찢기고 피 흘리신 길을
나를 통해 이루시는 고귀한 뜻이
세상 끝자락까지 흥건히 적신다

〈

부르심에 대하여…

난 고백할 뿐이다

나의 당신이여

내가 여기 있사오니 나를 써 주소서

빈 무덤

골고다 언덕을 힘겹게 올라
물 한 방울
피 한 방울
남김없이 쏟아냈다
거기는 절규하시던 목마름이 있었다

하늘자락은 검게 타 숨소리만 들리고
소망의 끈을 놓아버린 줄 알았는데
사망을 이긴 능력이었다

어둡고 두려운 밤을 지나
바람이 뒹구는 동산에 와서
어둠을 헤치고 돌아보았다

피 흘리고 찢긴 시신에다
향유 한 움큼 바르려고 왔다가
휑한 빈 무덤을 보았다

끝이라며 좌절하고 버려진 꿈들은

천길 나락까지 가라앉았는데
눈물 훔쳐내고 희미해진
두 눈을 다시 떠보니 비어 있었다

밝음이 찬란한 아침에
맑은 이슬이 동산마다 가득한 것은
빈 무덤 탓이다

영원한 생명으로
부활의 첫 열매로
다시 사신 까닭이다

벼랑 끝 소나무

벼랑 끝에 붙어있는데
휘몰아치는 바람에 팔뚝이 잘리고
온몸은 생채기로 낭자했다

사람들은 내가
오래가지 못할 것이라 했다
비가 오면 고통이 심했고
불면의 아픔은 더해갔다

그러던 어느 날
일곱 색깔 무지개가 둥글게 피더니
서늘한 바람이 불어왔다
팔에서 땀이 솟더니
새 움이 하나둘 돋아났다

고통의 흔적들이 여러 개의 손이 되어
낭떠러지에 푸르름을 입힌다

밤배

거품을 물고 질주하던 그들은
그림자를 드리우고 움직이지 않았다
목을 칭칭 동이고
숨진 비늘로 아픔을 덮고
머리를 흩날리며

어부의 거친 손등은
나뒹구는 가슴에서 비린내 나는
지느러미를 세웠다
그을린 낯으로 바다에 누워
하얀 파도를 토하며

채우지 못한 검은빛 바다에서
나를 끌어당기는 여인의 손은
지금도 따뜻하다
한기가 뼛속까지 스멀거려도
밤배는 끄덕도 않고
거기 그렇게 서있다

해갈

이글거리는 태양에
하얗게 말라
지친 손바닥과 세상의 이목구비가
아무렇게나 널려있다

꿀꺽 침을 삼키며
비탈 옆 논바닥은 쩌억 쩍 갈라져
줄무늬 심장을 깊게 파고 있다

사선으로 내리는 소낙비가 땅을 적신다
내 힘으론 애써도 한사코 채워지지 않던
이 후련함

생명이 꼬리를 흔들며
낮은 데로 임하도록
팽개친 쟁기를 다시 세워
굳어진 마음을 깊이 더 깊이 갈아엎는다

소나기

달려온다 먹구름을 이고
좁은 땅을 채우며 무섭게 꽂힌다

갈라진 가슴 한 뼘
목마름으로 다가와
화평케 하는 자가 되어 울고 있다

징검다리

섬들이 비가 멎길 기다리며
종아리를 걷고
따로따로 걸터앉았다

가슴을 이어주는 다리
어떤 사이일까

……
아는 사이로

……
친구 사이로

……
연인 사이로

별이 되다

내가 갈 수 있었더라면
꿈이 되지 못했을 것이다
생각만 하고 있으면서
인생도 꿈처럼 그대로인줄 알았을 것이다

내 안에서
솔솔 빠져나간 거친 부스러기들이
곳곳에 자리를 잡더니
이마를 파고 눈가를 긁으며
소리 없이 늙어간다

고개를 들고 바라보니
아직도 못다 한 기도가
나뭇가지에 초롱초롱 매달렸다

아버지의 바다

헝클어진 바다를 본다
망망대해를 하얗게 휘날리며
갓 피어난 꿈으로 떠다녀도
아직도 사랑은 항상 낯선 곳으로 간다

까치발로 버텨온 기다림을
안타까운 눈으로 본다
이미 저 멀리 달아난 것들은 잊어야 한다
못다 준 사랑만
한사코 기억하며 안부를 물어야 한다

오직 너 하나를 위하여
모든 것에게 이름을 붙였다
그림자처럼 밀려오는 바다를 보듯
모든 것을 본다

소망이 있다면
작은 섬 하나 갖는 것이다
저녁에 배 한 척 묶어두고

거기서 아침에 눈을 뜨는 일이다

같은 마음으로
같은 방향을 바라보며
둘이서 사는 것이다

해를 안고
바다를 향해 나서고
달을 안고
섬으로 돌아오는 것이다

만성리에 가보셨습니까?

만성리에 가보셨습니까?
자갈이 몸을 부수고
모래가 되어
파도에 실려 온 마음을 밀고 올라오는

만성리에 가보셨습니까?
빼금거리며 물속에서
낯선 고기와 얘기를 나누다
소금물 한 모금 마셔도 괜찮은

만성리에 가보셨습니까?
통통배도 둥실 뜨고
둥근 달도 둥실 뜨고
나도 바다에 던지면 두둥실 뜨는

만성리에 가보셨습니까?
바다 속 깊이 담아 둔 사연을
살금살금 주고받는 연인들의 속삭임이
들릴 듯 말 듯 애를 태우는

〈

만성리에 가보셨습니까?

슬퍼서 찾아와 즐거운 얘기를 듣고

행복으로 가득 채워서 돌아가는

거기 그 따뜻한 자리

꿈을 꾸라

해를 보고 달을 만나면서
피할 수 없다면
즐겨야 함을 배웠다

대적하지 않는다면
눈부실 일도 없고
지나치지 않는다면
외로울 일도 없을 것이다

생각으로만 그칠 때마다
다듬어 펼치지 못함이 아쉽다
아프지 마라 아플수록
느릿느릿 꿈을 펼치는 일을 해야 한다

새로 시작하는 일은
너무 화려해서 눈부시다
경기가 끝났다고 생각하지 않고
마무리하는 뒷모습이 더 아름답다

〈

울지 마라
손을 어루만지면 위로가 되더니
꼬옥 잡으니 응원이 되었다

바다를 딛고 솟아올랐어도
언젠가는 세월을 넘어
뒷걸음으로 내려가야 한다

소리치고 싶어도
한번은 마음부터 살필 일이다
아플수록 꿈을 꾸라
그래야 만남도 반가운 꽃이 되리라

전망 좋은 집

과거
현재
미래가
훤히 보이는 집 한 채

누구에게나 문이 열리고
낡은 성경책 한 권이 있고
기도하고 돌아오면
오래 오래 생각나는
전망 좋은 집

4부

갈매기의 여행

오동도 꽃피다

파도가 흩날리는 숲은 피멍이 들었다
밤을 걸어와 비린 바다를 보며
촉촉하게 젖은 잎을 펴고 있다

칼바람을 피해 쫓기다가
용굴 속에 숨은 사람들이 생각났다
그 사람들, 기적 같은 삶을
아직도 바닷가에 매 두었을까

어둠의 밧줄을 풀어
바다의 손을 잡고
섬을 한 바퀴 돌았다

다시 찾아온 자리에서
자꾸만 자꾸만
겹겹이 붉은 심지에
그리움의 불을 댕기고 있다

장군도

번갈아 눕히고 세우길 반복한
바위성을 돌아 좁은 길을 걷는다
먼 길 날아온 새 한 마리가
섬에서 태어난 나뭇가지를 붙들고
귀를 세워 떠오르는 속삭임을
가슴에다 퍼 담고 있다

뱃고동소리가 울릴 때마다
흔들어 깨우는 방랑벽을
돌 틈에 슬며시 끼우고
바다를 뭍처럼 건너온 사연들로
가슴을 덮고 나른한 기지개를 켠다

바다가 에워싼 섬 한 가운데서
깊이 뿌리를 내리고
무뚝뚝한 그림자로 서 있는 것은
걸걸하고 통 큰 바리톤이다
사랑하는 사람들이
머리카락을 휘날리며 떠난다

〈

헝클어진 갑판에 맨발로 서있는
뒷모습을 바라보며
나도 모르게
홍건한 두 눈이 허공을 맴돈다

여수사람들은

여수사람들은
바다를 신기하다고 말하지 않는다
바다와 함께 살면서
바다가 마음을 열어주는 줄 알기에

흔들리는 파도를 타고 가다
뭍에 내려도 출렁이는 사람들이다
배를 타고 가다 바람을 만나면
주저 없이 밧줄을 허리에 감는 사람들이다

여수사람들은
바람 부는 날 섬에 갇혀있어도
발을 동동 구르지 않는다
풍랑이 길을 막아도
섬이랑 친구가 되고
손을 잡고 바다를 걷다가도
흥얼흥얼 콧노래를 부르는 사람들이다

여수사람들은

기쁨을 나누는 일도 바다와 함께 한다
춤을 추다가 노래 한 곡 부르다가
어느새 바다가 섬을 데려와
셋이 되고 일곱이 되어 나풀나풀 행복을 얹어두고
수줍게 얼굴을 붉히는
가슴 가득 애증의 그림자로 물든 사람들이다

여수사람들은
사랑하면서도 사랑한다고 말하지 않는다
사랑하다 마음까지 빼앗기면
마른 가슴 마지막 눈물마저 바다가 될 터이니

안개 짙은 향기로 남아
사랑을 주기보다는 사랑을 받고 있음을
날마다 고백하는 사람들이다

바다 꽃으로 피다

묵은 된장 한 사발을 퍼 담았다
풋고추 몇 개와 마늘 몇 쪽도 챙겼다
서툴게 말아 쥔 김밥 몇 줄을 봉지에 담아
해변으로 간다

허전한 마음을 채우려고 찾아온 사람에게는
파도가 고개만 끄덕여도 온기가 전해왔다
오래도록 시달려 야윈 소나무 한 그루가
가늘어진 팔을 뻗어 어깨를 감싸면 평안하다

툭!
하얗게 쏟아진 바다
꽃 한 다발을 던진다
머릿속에 촘촘히 스며들어있던 향기가
바람에 실려와 부서졌다
나도 몰래 그렁그렁 젖은 눈을 감았다

아침, 오동도에서

그리움에서 외로움까지
굽이굽이 혼이 되어 솟아오르는
불덩어리를 보라

차가운 초록잎사귀 뒤로
사랑마저 후끈 태우는
동백의 붉은 입술을 느껴보라

부풀은 가슴을 가까스로 움켜쥔
남쪽바다 휘감기는 포구
물발굽으로 달려온
섬
섬
섬
생명울타리를 세운 오동도에서
막혔던 빗장을 열고
적삼 휘젓는 갈매기의 휘파람소리를
한번 들어보라

작은 배

굽이굽이 바닷길을
팔 벌려 막아서던 갈매기는
피곤한 죽지를 접어
물빛 품에 하얗게 나부낀다

흐트러진 마음은
바다에 밑줄을 그으며 둥지를 찾아든다
헝클어진 머릿속 실타래가 하나둘 풀리고
섬처럼 한가롭게 바다를 떠다닌다

낯선 사람들은
조막손을 슬며시 끌어당겨
잠 못 이룬 등대의 눈동자를 따라간다
바람을 저어가는 일이란
외로운 사람들의 몫이다

문을 닫은 포구에는
하늘을 배회하던 구름이 내려와
밧줄을 사로잡았다

〈

꿈을 머금은 수평선을 실어온
작은 배 한 척이
약속된 자리를 채우는 중이다

섬길을 걷다

낡은 깃발이 춤을 춘다
바다를 향해 내려앉은 눈동자가
출렁이는 까닭이다

개펄이 똬리를 틀었다
바다는 낯선 이방인을 밀어내고
느릿느릿 걷고 있다

비린내를 따라
실핏줄 같은 골목을 걸어 나오는데
등에 얹힌 십자가를 지고 나그네는
검게 솟아오른 구름기둥을 따라 걷는다

용서의 손짓이 닿으면
기대고 있던 어깨의 떨림을 느낀다
서두르지 않고 먼 바다를 꿈꾸며
깨문 입술이 파르라니 운다

불가능을 매단 키 큰 전신주에는

주렁주렁 희망이 열리고
허리를 굽혀 살금살금
몸을 낮춘 노랫소리가 귀에 얹힌다

바다는 삶의 무게를
문을 열어 털어내고
긴 허리 세워 소망을 끌어 올린다

고기들이 헤엄쳐온 묵은 길을
꿈처럼 터벅터벅 걸어간다

골방에서

세상으로 향하는 문은
모두 굳게 걸어 닫았다
귀는 하늘을 향해 열었다

작은 체구로
은밀하게 꽃대를 낮추고
당신을 듣는다
고요함으로 가득한 시간이다

끝없이 너른 바다를
출렁출렁
길고도 곧게 그리고 따뜻하게
당신의 물결이 밀려왔다
골방은 비어있어도 충만하다

할미꽃

기도하다 지친 마음인가 보다
젊은 시절에도
허리를 펴지 못하는 것이 있다

주름진 목소리가 포근하게 들리고
매듭을 풀어낸
핑크빛 눈물이 스며들었다
아픔도 가슴의 깊이로 채워지는 것이다

나이를 먹고 곱게 늙어가면서도
보송보송한 꽃받침을 펼치며
사랑의 빗으로 쓰다듬어
수줍은 꽃 한 송이 피워내고 있다

용서받은 사람아

앞만 보고 달려 온 사람아
뒤를 한번 돌아볼 일이다
헝클어진 흔적도 모르고 살아왔으니

용서받고도 용서하지 못한 사람아
자신의 허물을 한번 살펴볼 일이다
사랑은 용서인 것을

위풍당당한 사람아
그대의 감춰진 맨살을
한번 바라볼 일이다
교만으로 완악해진 것을

흠도 점도 가려진 사람아
행함이 있어야 살아있음이다
열매 맺지 못하면 찍어버리는 것이
주인의 뜻인 것을 이제 알았으니

죄 많은 사람아

죄 없이 죄인이 되어 사랑하며 울었던
그분을 만날 일이다
입술로는 고백해도 변함없이 살아왔으니

용서받은 사람아
지식도 능력도 아무것도 아님을 깨달을 일이다
'하나님의 은혜로라' 고백하면서

선한 일꾼아
이제 불 속에라도 들어갈 일이다
전하지 않으면 화 있을 그 사명 깨달았으니

바닷가 소나무

눈 시린 바다를 떠다녔다
하얀 미소는 부풀어 올랐고
뿌리를 물어뜯던 비밀은 지워지고
너무 깊어 목까지 잠겨버렸다

길게 뻗어가다 휘늘어진 매듭 사이로
부르지 못한 이름들이 줄지어 섰다
솔방울 키우다 잠이 들면
너의 꿈은 맺히고
나는 잠이 들었다

오늘도
하늘을 바라보다 눈을 감는다
남김없이 세상에다 꿈을 쏟아 붓고
두 팔을 벌려 바다에 누웠다

소녀, 기다리다

아득한 비망록은
돌아누운 어머니의 눈물이다
뱃고동소리 가득한 항구의 품을
뿌리치지 못한 외침이다

시퍼런 갈기 세운 파도가
도적의 가시를 한사코 밀어내다
어둠을 휘저은 몸부림이다

메마른 침묵은
빈 의자에 박힌 옹이를 도려내다
덜미까지 잠긴 피울음이다

상처를 매만지는 기다림이다
용서의 맨발로 낯선 길을 걷는
자유 그리고 평화다

갈매기의 여행

내가 날아가는 곳은
아무도 알지 못하는 곳이다
훨훨 날다 죽지가 힘들면
바람에 얹혀 쉬어 가고
가다가 꼬부랑길을 잃으면
등대 하나 만나
믿음으로 가는 곳이다

내가 날아가는 곳은
새들이 꿈을 꾸는 곳이다
가다가 슬퍼지면 눈물을 훔치고
파도 위에 나를 버리는
조각배 한 척 만나
찢어진 마음까지 내보이는 곳이다

내가 날아가는 곳은
구름도 쉬는 곳이다
생각하다 잠이 들면
소망이 신기루처럼

두둥실 떠있는 곳이다

내가 날아가는 곳은
행복이 가득한 곳이다
내 안에 눌러앉은 외로움을 꺼내
그대 생각하는 그리움을 만나
사랑으로 활짝 피어나는 곳이다

일기예보

빗방울을 다 셀 수 없어서 다행이다
사선으로 대지를 적시는
무차별의 공격이 시작된 지 얼마일까

몰래 빠져나간 배설물과
횡경막을 통해 뿜어낸 독소들이
질펀한 세상에
소리 없이 융단폭격을 하고 있다

무서운 일이다
몸에서 잘려나가 나동그라진
상처를 바라보는 일이란

소용돌이의 중심은 아직도 출렁인다
사람들은 말들이 많다
일본열도 그 아래 남태평양에서
태풍이 눈을 떴단다

삶이 뒤척이다

세월이 꽃대를 내밀면서
차례로 줄을 섰다
싱싱한 깃발을 들고
하얀 실루엣을 걸치고
빛바랜 날개를 펴고
떨리는 손으로 잔을 들고
하나씩 하나씩 순서를 기다린다

흙으로 덮고 애증의 거름을 주었더니
얼어붙은 땅속에서부터
살금살금 새 얼굴을 내민다

보드란 풀잎의 손을 당기니
빛에 생기를 얻은 삶이
보일 듯 말 듯 눈을 비빈다
오래 갇혀온 것들의 아픔이
가만가만 몸을 뒤척인다

나이테

취향도 성품도 상처마저도
거짓 없는 속살까지 둥글게 감긴다

흑갈색점박이로 시작하여
원심력으로 그어
선명하다가 희미해지는 선을 보면
평생을 살아온 흔적이 고스란하다

땅속 깊이 뿌리를 내린 곰삭은 시간은
턱 받치고 느티나무 아래서 듣던
얘기들이 새록새록 살아난다

세월을 돌아
가지런하게 무늬가 된 흔적도
언젠가는 만천하에 드러낼 날이 있을 터다

딱딱하게 굳어져 가는 것을 보면
아쉬운 것
부끄러운 것
그리고 또
지우고 싶은 마음의 골이 깊다

낙엽을 태우다

파르르
젖은 당신의 입술에 나를 맡긴다
오돌토돌
내 안으로부터 소름이 돋았다

내 몸이라고 하기에는 부끄럽다
당신 생각으로 덧칠한 시간을
나 아닌 그대로 살고 있는 까닭이다

불씨 하나로도
작은 것들은 사정없이 태워지리라
화르르 날리고 말
하나의 사랑
꿈 둘
숨 고르는 고랑마다 사연이 가득하다

아프지 마라

아프지 마라
그대 아프거든
고래 등 같은 파도가 두 팔을 뻗어
물질하는 풍경처럼 이제껏 살아온 거기
지친 몸이 무거운 닻을 내리고
열린 바다에 터 잡은 그곳
섬으로 오라

아프지 마라
그대 아프거든
핏대를 세운 욕망을 밀어 올려
펄펄 끓는 사랑을 채운 따개비가
닥지닥지 붙어 꽃을 피우는 그곳
섬으로 오라

아프지 마라
그대 아프거든
파도가 무서워 울고 가던 물길을
바람이 첨벙첨벙 걸어 다니고

허기진 갈매기의 노래가 자맥질하는 그곳
섬으로 오라

아프지 마라
그대 아프거든
코끝에 비린 갯향기 머금고 살아온 거기
육지의 조각들을 뜰채로 걷어내
출렁이는 안개꽃을 모락모락 피우는 그곳
섬으로 오라

비 내리는 섬

까맣게 그을린 아이들이
꿈을 키우던 섬마을에 가서
다리 꼰 배롱나무 등허리에 기대고 섰다
재잘대는 전어 떼들이
찬바람으로 밀려와 까치발을 세웠다
추적추적 비가 내려 옷 한 벌 적신다

물에서 잉태한 나는 배가 되었다
이름 없는 외딴섬과
보이지 않는 물길을 거침없이 쏘다니며
떠있는 법을 배웠다
가쁜 숨을 잠재우는 자갈밭에서
바다가 뭍이 된 줄 모르고
오래전 가버린 친구를 떠올렸다

길어진 낯선 그림자가 발목을 잡고 있다

■□ 해설

섬과 바다, 그리움과 추임새의 원형 심상

신병은(시인)

시는 '대상에 대한 이해', '인간에 대한 이해', 즉 '세계에 대한 이해'다.

묻혀 팽개쳐진 삶의 아름다움을 재발견하는 일이고, 잊고 사는 것들의 소중한 가치를 재발견하는 일이면서, 삶의 '사소한 현장'을 확장하고, 그 본질을 새롭게 사유할 수 있도록 이끌어주는 작업이다.

그렇다고 그동안 없던 것을 생각하고 만들어 내는 거창한 작업이 아니라, 우리 주변의 습관화된 의미를 재구성하고 편집하여 새로운 것을 발견해 내는 일이다. 김정운 교수는 우리 사는 세상을 에디톨로지Editology로 읽는다며 창조를 편집이라 했고, 최재천 교수는 이러한 과정을 통섭의 원리로 이해하고 있다.

세계를 이해하고 세계를 해석하는 데는 나만의 관점 나만의 해석이 중요하다. 새로운 것은 없다 다만 새로운 관점이 있을 뿐이다. 새로운 의미생산은 새로운 관점과 재해석에서 가능하다. 새로운 것을 만들어내는 일은 세상에 없는 것을 가져오는 것이 아니라, 존재하는 것을 재해석하고 편집하는 것이다. 그래서 상상도 없는 것을 생각하는 것이 아니라, 있는 것을 다르게 보고 다르게 생각하는 것이다. 그래서 시인은 나름의 시적 변용의 자리가 있기 마련이다. 그 자리가 바로 시정신의 태자리가 되는 셈이다.

신지영시인의 시적 변용의 태 자리는 바다와 섬이다. 섬에서 태어나 섬에서 놀고 섬에서 배웠고 지금도 한 줄 두 줄 바다에 밑줄을 그으며 살고 있다.

섬과 바다는 시인에게 삶의 과거이면서 현재, 미래의 공간으로 자리한다.

> 나는 섬에서 태어났다
> 섬에서 자라고 섬에서 놀고 섬에서 배웠다
> 아직도 섬을 향해 가고 있다
> 섬은 나의 과거이자 현재이며 진행형이다
>
> 그런 내가 섬을 쓴다
> 한 줄 두 줄 바다에 밑줄을 긋는다
> 왜보다는 그냥 쓴다
> 누가 뭐라 해도 영락없는 섬사람,
> 섬 시인일 수밖에 없다

배 한 척 기다리듯 시 한 편 기다린다
시 한 편이면 족하다
그런데 이 말은 거짓이었을까
아직 시 한 편도 얻지 못한 것일까
나이가 들수록 욕심은 젊어지는 것일까

나를 지켜보고 계시는 하나님
나를 기억해주는 사람들께
부끄럽고 두렵지만 행복하다

―「시인의 말」에서

섬과 바다의 문학적 변용은 다양한 삶의 메타포적 소재로 자리해 왔다.

좌절과 고독을 초극한 김남조 시인의 바다, 현실과 시인을 합치시키려는 친화의 고행의 김명인 시인의 바다, 소승적 자유의 이성선 시인의 바다, 통일을 향해 발을 옮겨놓는 부자유의 나해철 시인의 바다, 미래의 사랑과 꿈을 세운 허형만 시인의 바다, 삶과 죽음 존재와 부재의 완충지대로, 삶의 억척이 엉겨있는 그리움의 공간으로, 자유, 포용, 자의식의 바다, 부활의 바다, 꿈의 바다, 이상향의 바다 참으로 다양한 시적변용의 공간으로 자리해 왔다.

섬도 마찬가지다.

시적 해탈의 황동규 시인의 섬, 사람 사이에 있는 고독과 그리움의 정현종 시인의 섬, 자유와 기쁨의 최하림 시인의 섬, 허무의식을 극복한 문충성 시인의 제주섬, 표량과 불귀순(不歸順)의 김종철 시인의 오이도, 신대철 시인의 무인도 등등 이처럼 바다와 섬처럼 시적 공간에 많이 변용된 오브제는 없다고 생각한다.

신지영 시인의 섬과 바다에 가면 착한 하늘이 있고 어둠이 있고 별이 있다.

섬과 바다에서는 바람도 파도도 어둠도 착하다. 그것은 늘 곁에 하나님이 함께 하고 있기에 가능하다. 그래서 모든 것이 조심스럽고 부끄럽고 두렵지만 행복하다.

공자에 의하면 부끄러워하는 마음은 순결지향, 즉 하늘을 우러러 한 점 부끄럼 없이 착하게 살려는 사람에게 주어지는 소명이다. 그래서 신지영 시인은 착한 사람, 착한 마음을 들여다보게 된다. 세상은 갈수록 마음이 힘들게 되고 마음의 병이 깊어져 결국은 몸의 병이 된다. 시인에게도 착한 몸이 대신 앓아주었던 적이 있었다.

시인은 이 점에서 세상의 아픔을 다독여주는 마음과 몸의 이야기를 한다. 세상의 아픔을 바라보는 따뜻한 시선으로, 귀를 기울여 세상을 듣고 보며 세상의 물음에 응답하려 한다.

시인에게 섬과 바다는 세상을 맑게 사는 거울이자 에네르기다. 그곳은 또한 유년의 마음의 풍경이 있는 곳이다.

훼손되지 않는 사랑과 우정, 인간애가 있고, 시인은 늘 그곳을 그리워한다. 그곳을 그리워 한다는 것은 인간의 원형에 대한 그리움이다.

세상을 응시하는 따뜻한 눈, 그리고 따뜻한 시가 있는 그리움이다. 세상을 착하게 읽는 착한 시인에게는 세상의 어떤 아픔도 있는 그대로 별처럼 빛이 난다. 그래서 우리 모두가 하나의 별이 되는 길로 안내해 준다. 인간답다는 것에 대해서, 스스로 깨끗해지려는 몸짓에 대해서, 지나간 매 순간의 부끄러움에 대해 역설하는 섬과 바다다.

그의 바다에서는 그리움도 자유롭다.

묵은 된장 한 사발을 퍼 담았다
풋고추 몇 개와 마늘 몇 쪽도 챙겼다
서툴게 말아 쥔 김밥 몇 줄을 봉지에 담아
해변으로 간다

허전한 마음을 채우려고 찾아온 사람에게는
파도가 고개만 끄덕여도 온기가 전해왔다
오래도록 시달려 야윈 소나무 한 그루가
가늘어진 팔을 뻗어 어깨를 감싸면 평안하다

툭!
하얗게 쏟아진 바다
꽃 한 다발을 던진다
머릿속에 촘촘히 스며들어있던 향기가
바람에 실려와 부서졌다

나도 몰래 그렁그렁 젖은 눈을 감았다

―「바다 꽃으로 피다」 전문

바다는 꽃이다.

없으면 없는 대로 있으면 있는 대로 그대로 고스란히 풍경이 되는 섬과 바다는 묵은 된장 한 사발과 풋고추 몇 개와 마늘 몇 쪽이면 족하다. 허전한 사람에게는 파도가 고개만 끄덕여도 온기를 전해주고, 늘 찾아온 사람에게는 꽃다발을 던져준다.

시인에게 바다는 늘 꽃이 피는 정원이다. 때로는 갈매기가 되어 날아다니고 소나무가 되어 두 팔 벌려 바다에 눕는다.

섬들이 비가 멎길 기다리며
종아리를 걷고
따로따로 걸터앉았다

가슴을 이어주는 다리
어떤 사이일까

……
아는 사이로
……
친구 사이로
……

연인 사이로

— 「징검다리」 전문

소망이 있다면
작은 섬 하나 갖는 것이다
저녁에 배 한 척 묶어두고
거기서 아침에 눈을 뜨는 일이다

같은 마음으로
같은 방향을 바라보며
둘이서 사는 것이다
해를 안고 바다를 향해 나서고
달을 안고 섬으로 돌아오는 것이다.

— 「아버지의 바다」 부분

시인의 섬은 '종아리를 걷고 아는 사이로, 친구사이로, 연인사이'로 시인에게 걸터앉아 있다.

섬은 '물에서 잉태한 나는 배가 되었다 / 이름 없는 외딴섬과 / 보이지 않는 물길을 거침없이 쏘다니며 / 떠있는 법을 배웠다'(「비 내리는 섬」)며 섬은 시인의 과거이며 현재며 미래로 자리한다.

그래서 시인은 아프면 '섬으로 오라'고 외친다. 그래서 시인은 '아버지의 바다'로 오라고 외친다. '저녁에 배 한 척 묶어두고 거기서 눈을 뜨는 아침을 맞는 작은 섬' '같은 마음으로 같은 방향을 바라보며 사는 섬' '해를 안고 나서고 달을 안고 돌아오는 섬'으로 오라 외친다.

'고래 등 같은 파도가 두 팔을 뻗어 물질하는 풍경'이 있고 '따개비가 닥지닥지 붙어 꽃을 피우고' '파도가 첨범첨벙 물길을 걸어 다니고' '출렁이는 안개꽃을 모락모락 피우는' 섬으로 오라고 외친다. 그러면서 '빈 몸으로 살아가는 것임을 스스로 깨달을 때 생각마저 사물이 된다고 깨우쳐 준다'(「섬마을 폐교」)

'폐교, 폐선'은 '늙어가는 것, 사라져 가는 것'에 대한 변용이고, 그리움의 재생이다. '옷자락에 단풍 들고, 노란 손바닥 한 장 날려가는' 늙어가는 모습을 보면서 그것은 '연륜만으로 알 수 없는 넘침'이라고 일깨운다.

쉬우면서 큰 울림을 주는 데는 시인이 곧 바다이고 섬이기 때문이다. 이 시대의 진정한 자유인으로서 꿈 너머 꿈을 찾고 진정한 외로움과 고독을 찾고 그 과정을 통해 새로운 소통의 길을 찾고 이 시대가 간절히 바라는 삶의 원형간의 대화를 시도하는 것이 시인의 바다와 섬이다.

유년의 기억을 일깨우는 섬은 현실이고 현재다. 그리고 늘 마음속에 자리하는 그리움의 대상이면서 자아성찰을 매개하는 시적 오브제다. 그런가 하면 어머니의 뒤란이 있는 섬이다.

시골집 텃밭에는

뽀얀 젊음이 영글었다

어머니는 감나무 밑에 배추를
유자나무 아래 쪽파를 심으셨다

아침마다 쑤욱 쑥 돋아나는 포기에
목이 마를 때마다 물을 부어주신다

잎이 듬성듬성한 남새밭에서
살진 채소들이 몸을 불리면
어머니는 아들을 낳으신 듯 기뻐하신다

물 퍼다 주시던 둥근 바가지는
검버섯처럼 부스럼이 커가고
어머니의 사랑은 자꾸만 깊어간다

—「어머니의 뒤란」 전문

물론 바다는 여성의 원형상징이기도 하다. 바다에서 질펀한 가슴까지 출렁이는 여자를 만나고, 바다가 함께 살자고 하면 사랑을 노래하고, 여자의 속마음을 헤아린다.(「여자의 바다」) 그래서 여성성과 모성적인 정과 사랑을 표상하기도 한다. 비단 사람과 사람 사이에만 존재하는 정을 일컫는 말이 아니라 식물과 곤충, 바람과 구름, 별과 어둠 사이에도 존재하는 그러한 정을 표상하는 것이다.

그의 바다는 현실의 저쪽에 자리하는 공간으로서의 바다

다. 그렇다고 그가 지향하는 공간은 이어도나 극락정토 같은 비현실적인 공간도 아니고, 지금은 많이 훼손되고 사라졌지만 순수하고 맑았던 유년의 삶이 있는 공간이다. 자꾸만 지워져가는 흔적들을 자랑처럼 쏟아낼 기억의 공간이다.

그의 의식 속에 내재하고 있는 유년체험과 향토적 리리시즘은 '지친 삶의 추임새'라는 보다 생산적인 시적 의미체험으로 자리하고 있다. 윤리가 부재하고 인간의 진정한 가치가 왜곡되고 상실된 요즘의 세상에 보다 열린 물길로 발목잡지 않기, 씹지 않기, 악플 달지 않기 등 기다려주고 보듬어주는 추임새가 사라진 현실을 벗어나 이제는 보다 건강한 삶의 원형으로 존재하면서 처져있는 삶을 추켜올려주는 진행형의 바다다. 다시 말하면 그의 섬과 바다는 삶의 현재를 추어주는 추임새로서의 시적변형으로 자리하고 있다.

훼손되지 않은 자연, 훼손되지 않은 인간, 훼손되지 않은 바다. 바쁜 일상을 살면서 가끔 생각나게 하는 편안한 휴식 같아, 이 시대 새로운 시 쓰기의 한 전형으로 자리 잡는다. 바다는 신비롭고 새로운 세계의 원형으로, 모든 존재가 새롭게 태어나는 소생의 미학으로, 존재론적 인식의 바탕 아래에서 형상화된 미적 가치의 등가물로, 존재를 밝히는 빛으로 등 참으로 많은 원형적 소통의 의미체험으로 자리해 왔다.

신지영 시인의 바다는 이러한 바다의 의미체험들과 소

통하는 한편으로 그 밑자락에는 훼손되지 않은 마음의 풍경이 자리하고 있다. 기억 속에 자리하는 원형적 삶에 대한 그리움으로 시작되어 그리움으로 갈무리함으로써 새로운 삶의 지평을 여는 것으로 귀결된다.

바다는 추임새다. 추임새는 추어주는 추임새가 있는가 하면 풀어주는 추임새도 있다. 판소리도 답답한 곳 맺힌 곳을 풀어주는 대목에는 반드시 추임새가 들어가듯, 세상의 이치가 시작이 있고 맺히고 다시 맺힌 것을 풀면서 다시 시작하는 추임새의 순환과정임을 안다.

어느 시에서든 파도소리가 들리는 시인의 시를 읽으면 맺힌 것, 답답한 것이 환하게 풀어지고 아울러 때 묻은 삶의 모습도 말끔하게 씻어주는 역할을 하는 것도 바다가 지닌 이러한 추임새의 의미체험이 밑작업 되어 있기 때문이 아닌가 싶다.

하화도에서는
마음이 파란 바닷가를
하얀 구름을 눌러 쓰고
꽃처럼 하늘하늘 걸어야 한다

어지러운 돌담길도
흔들흔들
때로는 느릿느릿
지게목발 두들기며
꽃잎 하나 입에 물고

사뿐사뿐 걸어야 한다

하화도 꽃섬길에는
풀잎사랑이 꽃대를 올리고
섬 처자들 부푼 꿈이
비탈길마다 조심조심 손을 잡는다

―「하화도」 전문

하화도는 꽃처럼 하늘하늘 걷는 곳이면서, 꽃잎 하나 입에 물고 사뿐 사뿐 걷는 곳이면서 풀잎의 사랑이 꽃대를 올리고 섬 처녀들의 꿈이 부풀어 오르는 곳이다. 시인에게 뿐만이 아니라 섬을 찾는 사람들에게 섬은 한결같이 삶의 추임새가 된다. 힘든 것들 비워내고 몸 가볍게 되돌아 갈 수 있는 재생의 공간이다. 그래서 시인의 섬은 다양한 삶의 깊이로 넓이로 변용된다.

묵은지처럼 오랜 세월의 흔적이 보이는 외로운 섬 「추도」, 솔개 한 마리 곱게 접어 하늘높이 날렸을 어부가 사는 「연도」, 연인들의 속삭임이 오르내리는 천국의 계단 「외도」, 끝내 시인은 '섬 속에 사는 섬' '또 다른 섬'이 되어 바다에 눕는다. 그리하여 '이 섬 저 섬, 가슴 무너진 골목을 걷는다'(「나그네」)

아직도 재잘대고 있을까
설레는 여행일수록

가는 길이 멀다고 하는데
지천에 널린 웃음은 꽃으로 피어나고
꽃도 물때를 지키며 피었다 지는데

아직도 기다리고 있을까
봄
여름
가을
겨울
꿈을 꾸는데
거센 물결은 흘러가는 데

아직도 누워 잠들었을까

수만 번의 기도 소리가 들리는
거기는
여전히 2014년 4월 16일!
기다림의 시간으로 멈춰 서있을까
녹슬고 고장 난 시계만 돌고 있을까
물결도 멈춰 섰다 흐르는데
세월은 어제도
세월은 지금도
세월은 내일도
가슴 아파 울면서 누워만 있을까

– 「세월의 바다」 전문

한편으로는 고독과 외로움, 아픔의 바다로 드러난다. 그날 이후 녹슬고 고장 난 시계만 돌고 있을 세월호는

영원히 진행형인 아픈 역사로 자리한다.

지천에 널린 웃음은 꽃으로 피어나고, 꽃들도 물때를 지키며 피었다 지는데, 한번 진 꽃들은 아직 다시 피어나지 못한 채 수심 깊이 가슴 아파 누워만 있다.

섬은 고독하다. 정현종 시인은 섬이 주는 감동은 고독과 닿아있기 때문이라 했다. 고독의 바다, 사람은 저마다 하나의 섬이라는 공감의 확장이 가능하기 때문이다.

눈을 뜨니
도란도란 긴긴 밤을 보냈던
당신이 보이지 않는다

바람개비가 서둘러 돌아가면
바다는 회오리가 되어
사립문을 밀고 나가
진한 향기를 뿜는 꽃으로 핀다

숨어있던 여끝에 걸터앉았더니
잘 익은 섬들이
썰물에 하나둘 몸을 일으켜 세웠다

혼자가 아니라고 속삭이지만
그믐날 깊은 밤마다
섬은 늘 외롭다

–「홀로 우는 섬」 전문

고독은 그리움의 또 다른 함수어다. '보고 싶을 때는 차라리 눈을 감아야 한다' '그리움도 깊어지면 병이 된다' '별빛도, 첫사랑도 낯익은 그대도 아슬아슬하게 바위를 잡고 매달렸다'

시인의 섬과 바다를 만나면 『논어』의 '사무사(思無邪)'가 연상된다. 시를 대할 때 정직하라, 솔직하라는 말이다. 창작자나 독자, 편집자 모두 이러한 마음을 가질 필요가 있다는 공자의 문학관이다.

신지영 시인도 예외일 수 없다. 그의 솔직한 언어가 감동의 폭을 넓게 한다. 그 솔직한 말이 바로 일상적인 말이다.

계곡을 노래하는 새들에게도
숲이 된 채 잠이든 꽃잎에게도
몰랐던 눈물이 있다

발붙일 곳 없는 길을 가다가
한 폭 그림이 되거나
한 줄 노래가 되거나
흐르지 못해 멈춘 개울이 될 거다

머리 둘 곳이 없어도
한 뼘 옆으로 물러서서
키를 더 낮추고
길 터주는 법을 가르친다

지친 숨소리를 쓰다듬고

겨우살이로 살지만
묻혀야 새싹을 틔우듯
빌린 몸 벗어 던지는 것이다

곁으로 다가가 보니
바닥을 요리조리 피해 다니다가
실개천 바람 따라
틈새를 비집고 살살 녹아 흐르고 있다

– 「봄 곁에서」 전문

좋은 시는 설명하지 않고도 이미지로 의미를 전달한다. 관념이 아닌 삶의 구체성으로 보증해주기 때문이다. 시적 화법 또한 그 속에 어떤 새로운 진리가 담겨있는 일상적인 화법이어야 한다면 「봄 곁에서」는 이점에서 봄의 서정을 잘 보여주고 있다.

'새들에게도 꽃잎에게도 몰랐던 눈물이 있다'는 발견도 그렇고 '키를 더 낮추고 길 터주는 법을 가르친다' '실개천 바람 따라 틈새를 비집고 살살 녹아 흐르고 있다'는 발견도 봄의 서정을 낯설게 보여주는 힘이다. 뿐만 아니라, 신지영 시인은 하나님을 향한 신앙심도 한몫 단단히 한다. 맑은 피로 수혈된 시적자아는 우리로 하여금 마음에 낀 먼지를 깨끗이 털어내게 한다.

그의 시가 우리의 시선을 끄는 것은 시에 나타난 맑은 삶의 풍경에 대한 갈증을 해소해 주기 때문이다.

시는 일상의 관찰이고 관심이다. 우리 주위에 흔히 있던 일이고 흔하게 들었던 말이다. 우리 주변에 일어나는 일상이고 건강한 웃음이고 힐링이다. 풀, 나무, 바람, 꽃, 새들에 대한 관심이다. 시는 자연이 전해주는 삶의 메시지를 대신 전하는 것에 불과하다.

지난날을 생각하면
고개를 들어도 뵐 낯이 없다

나를 위해 미리 준비하신 사랑으로
어릴 적 자갈밭에 뿌려지던
그 은혜가
베드로의 고백으로 젖는다

나의 당신
나의 소망
그분의 부르심을 따라 나선다
내가 여기 있사오니 나를 써 주소서

사랑해요 늘 울어도
갚지 못해 마음만 아프다
살 찢기고 피 흘리신 길을
나를 통해 이루시는 고귀한 뜻이
세상 끝자락까지 흥건히 적신다

부르심에 대하여...
난 고백할 뿐이다
나의 당신이여

내가 여기 있사오니 나를 써 주소서

—「서원」 전문

그의 시를 읽다보면 시는 인간에 대한 사랑의 실천이라는 것, 인간의 아름다움, 삶에 대한 성찰, 인간다움의 속성을 탐색하는 것임을 다시금 확인하게 된다.

사람의 마음과 세상의 다양한 현상에 깊은 이해와 안목이 없이, 세상과 사람에 대한 통찰 없이 질 좋은 시적 상상을 기대하기 어렵다는 것도 알 수 있다.

신지영시인은 행복하다. 무한한 인간 사랑을 실천하는 하나님의 아들이라서 행복하다. 그래서 시인은 자신을 돌아보고 자신의 허물과 교만을 보라고, 사랑의 본질은 용서라고 하나님의 은혜 안에서 행복하라고 권한다. 그런가 하면 기도하면서 지친 마음을 읽고 주름진 목소리와 따뜻한 인간애를 만나고, 사람이 꽃임을 발견한다.

하늘을 향해 귀를 열어두면 아무 것 없어도 충만한(골방에서) 것도 모두가 티 없이 맑은 인간 사랑의 의미체험에 닿아있기 때문이다.

정서적 외연을 바탕으로 정직하고 솔직하게 본질을 짚어낸 인간 사랑의 내포, 그의 시를 만나면 섬과 바다, 그리고 나무와 꽃, 풀과 바람, 개똥벌레, 잠자리와 진정으로 만나고 소통하라 외치는 이유를 알 수 있다.

그의 시를 만나면 일상과 자연을 삶과 접목하는데 매듭이 보이지 않고 자연스럽게 서로 하나가 될 때 진정한 사랑이 된다는 사실도 함께 체험하게 된다.

동심적인 맑은 눈으로 바라보며 꾸밈없이 있는 그대로를 일상적인 언어로 담아낸 시인의 섬과 바다는 지치고 힘든 삶이 되돌아갈 수 있는 삶의 추임새가 되어준다.

다양한 삶의 통로를 지나온 경험들과 바다와 섬의 서사가 스며들어 빛을 내는 그의 시, 함께 나누고 함께 살며 서로가 서로의 일부가 될 수 있다는 것 자체로 넉넉한 삶의 즐거움이자 열린 사랑으로 가는 추임새이리라.